A Celebration of the Life of

Memories/Thoughts:

_____

_____

_____

_____

Name:

_____

_____

_____

Name:

Memories/Thoughts:

_____

_____

_____

_____

Name:

_____

_____

_____

Name:

_____

Memories/Thoughts:

_____

_____

_____

_____

Name:

_____

_____

_____

_____

Name:

_____

Memories/Thoughts:

_____

_____

_____

_____

Name: _____

_____

_____

_____

Name: _____

Memories/Thoughts:

_____

_____

_____

_____

Name:

_____

_____

_____

Name:

_____

Memories/Thoughts:

_____

_____

_____

_____

Name:

_____

_____

_____

Name:

_____

Memories/Thoughts:

_____

_____

_____

_____

Name:

_____

_____

_____

_____

Name:

_____

Memories/Thoughts:

_____

_____

_____

_____

Name:

_____

_____

_____

Name:

_____

Memories/Thoughts:

_____

_____

_____

_____

Name:

_____

_____

_____

Name:

Memories/Thoughts:

Name:

Name:

Memories/Thoughts:

Name:

Name:

Memories/Thoughts:

_____

_____

_____

_____

Name:

_____

_____

_____

Name:

_____

Memories/Thoughts:

_____

_____

_____

_____

Name:

_____

_____

_____

Name:

_____

Memories/Thoughts:

_____

_____

_____

_____

Name:

_____

_____

_____

Name:

_____

Memories/Thoughts:

_____

_____

_____

_____

Name:

_____

_____

_____

Name:

_____

Memories/Thoughts:

Name:

Name:

Memories/Thoughts:

_____

_____

_____

_____

Name:

_____

_____

_____

Name:

_____

Memories/Thoughts:

_____

_____

_____

Name:

_____

_____

_____

Name:

_____

Memories/Thoughts:

_____

_____

_____

_____

Name:

_____

_____

_____

Name:

_____

Memories/Thoughts:

_____

_____

_____

_____

Name:

_____

_____

_____

Name:

_____

Memories/Thoughts:

_____

_____

_____

_____

Name:

_____

_____

_____

Name:

_____

Memories/Thoughts:

Name:

Name:

Memories/Thoughts:

_____

_____

_____

_____

Name:

_____

_____

_____

Name:

_____

Memories/Thoughts:

Name:

Name:

Memories/Thoughts:

_____

_____

_____

_____

Name:

_____

_____

_____

Name:

_____

Memories/Thoughts:

Name:

Name:

Memories/Thoughts:

_____

_____

_____

_____

Name:

_____

_____

_____

Name:

_____

Memories/Thoughts:

_____

_____

_____

_____

Name:

_____

_____

_____

Name:

_____

Memories/Thoughts:

_____

_____

_____

_____

Name:
_____

_____

_____

Name:
_____

Memories/Thoughts:

_____

_____

_____

_____

Name:

_____

_____

_____

Name:

_____

Memories/Thoughts:

_____

_____

_____

_____

Name:

_____

_____

_____

Name:

_____

Memories/Thoughts:

Name:

Name:

Memories/Thoughts:

_____

_____

_____

_____

Name:

_____

_____

_____

Name:

_____

Memories/Thoughts:

_____

_____

_____

_____

Name:

_____

_____

_____

Name:

_____

Memories/Thoughts:

_____

_____

_____

_____

Name:

_____

_____

_____

Name:

_____

Memories/Thoughts:

Name:

Name:

Memories/Thoughts:

Name:

Name:

Memories/Thoughts:

Name:

Name:

Memories/Thoughts:

_____

_____

_____

_____

Name:
_____

_____

_____

_____

Name:
_____

Memories/Thoughts:

_____

_____

_____

_____

Name:

_____

_____

_____

Name:

_____

Memories/Thoughts:

_____

_____

_____

_____

Name:

_____

_____

_____

Name:

Memories/Thoughts:

Name:

Name:

Memories/Thoughts:

_____

_____

_____

_____

Name:

_____

_____

_____

_____

Name:

_____

Memories/Thoughts:

_____

_____

_____

Name:
_____

_____

_____

Name:
_____

Memories/Thoughts:

_____

_____

_____

_____

Name:

_____

_____

_____

_____

Name:

_____

Memories/Thoughts:

_____

_____

_____

_____

Name:

_____

_____

_____

Name:

_____

Memories/Thoughts:

Name:

Name:

Memories/Thoughts:

_____

_____

_____

_____

Name:

_____

_____

_____

Name:

Memories/Thoughts:

_____

_____

_____

Name:

_____

_____

_____

Name:

_____

Memories/Thoughts:

Name:

Name:

Memories/Thoughts:

_____

_____

_____

_____

Name:

_____

_____

_____

_____

Name:

_____

Memories/Thoughts:

Name:

Name:

Memories/Thoughts:

_____

_____

_____

_____

Name:

_____

_____

_____

Name:

_____

Memories/Thoughts:

Name:

Name:

Memories/Thoughts:

Name:

Name:

Memories/Thoughts:

Name:

Name:

Memories/Thoughts:

_____

_____

_____

_____

Name:

_____

_____

_____

Name:

_____

Memories/Thoughts:

_____

_____

_____

_____

Name:

_____

_____

_____

Name:

_____

Memories/Thoughts:

_____

_____

_____

_____

Name:

_____

_____

_____

Name:

_____

Memories/Thoughts:

Name:

Name:

Memories/Thoughts:

_____

_____

_____

Name:

_____

_____

_____

Name:

_____

Memories/Thoughts:

_____

_____

_____

_____

Name:

_____

_____

_____

Name:

_____

Memories/Thoughts:

Name:

Name:

Memories/Thoughts:

_____

_____

_____

_____

Name:

_____

_____

_____

Name:

_____

Memories/Thoughts:

_____

_____

_____

_____

Name:

_____

_____

_____

Name:

_____

Memories/Thoughts:

Name:

Name:

Memories/Thoughts:

_____

_____

_____

_____

Name:

_____

_____

_____

Name:

_____

Memories/Thoughts:

Name:

Name:

Memories/Thoughts:

_____

_____

_____

_____

Name:

_____

_____

_____

_____

Name:

_____

Memories/Thoughts:

_____

_____

_____

_____

Name:

_____

_____

_____

Name:

_____

Memories/Thoughts:

Name:

Name:

Memories/Thoughts:

Name:

Name:

Memories/Thoughts:

_____

_____

_____

_____

Name:

_____

_____

_____

Name:

_____

Memories/Thoughts:

_____

_____

_____

_____

Name:

_____

_____

_____

Name:

_____

Memories/Thoughts:

_____

_____

_____

_____

Name:

_____

_____

_____

Name:

_____

Memories/Thoughts:

_____

_____

_____

_____

Name:

_____

_____

_____

_____

Name:

_____

Memories/Thoughts:

_____

_____

_____

_____

Name:

_____

_____

_____

Name:

_____

Memories/Thoughts:

Name:

Name:

Memories/Thoughts:

_____

_____

_____

_____

Name:

_____

_____

_____

Name:

_____

Memories/Thoughts:

_____

_____

_____

_____

Name:

_____

_____

_____

Name:

_____

Memories/Thoughts:

Name:

Name:

Memories/Thoughts:

_____

_____

_____

_____

Name:

_____

_____

_____

_____

Name:

_____

Memories/Thoughts:

_____

_____

_____

_____

Name:

_____

_____

_____

Name:

_____

Memories/Thoughts:

_____

_____

_____

_____

Name:

_____

_____

_____

Name:

_____

Memories/Thoughts:

_____

_____

_____

Name:
_____

_____

_____

Name:
_____

Memories/Thoughts:

Name:

Name:

Memories/Thoughts:

_____

_____

_____

_____

Name:

_____

_____

_____

Name:

_____

Memories/Thoughts:

_____

_____

_____

_____

Name:

_____

_____

_____

Name:

_____

Memories/Thoughts:

_____

_____

_____

_____

Name:

_____

_____

_____

Name:

_____

Memories/Thoughts:

_____

_____

_____

_____

Name:

_____

_____

_____

Name:

Memories/Thoughts:

_____

_____

_____

_____

Name:

_____

_____

_____

_____

Name:

_____

Memories/Thoughts:

_____

_____

_____

_____

Name:

_____

_____

_____

Name:

_____

Memories/Thoughts:

_____

_____

_____

_____

Name:

_____

_____

_____

_____

Name:

_____

Memories/Thoughts:

_____

_____

_____

_____

Name:
_____

_____

_____

Name:
_____

Memories/Thoughts:

_____

_____

_____

_____

Name:

_____

_____

_____

Name:

_____

Memories/Thoughts:

_____

_____

_____

_____

Name:

_____

_____

_____

Name:

_____

Memories/Thoughts:

_____

_____

_____

_____

Name:

_____

_____

_____

Name:

_____

Memories/Thoughts:

_____

_____

_____

_____

Name:

_____

_____

_____

Name:

_____

Memories/Thoughts:

_____

_____

_____

_____

Name:

_____

_____

_____

_____

Name:

_____

Memories/Thoughts:

_____

_____

_____

_____

Name:

_____

_____

_____

Name:

_____

Memories/Thoughts:

Name:

Name:

Memories/Thoughts:

Name:

Name:

Memories/Thoughts:

_____

_____

_____

_____

Name:

_____

_____

_____

Name:

_____

Memories/Thoughts:

_____

_____

_____

_____

Name:

_____

_____

_____

Name:

_____

Memories/Thoughts:

_____

_____

_____

_____

Name:

_____

_____

_____

_____

Name:

_____

Memories/Thoughts:

_____

_____

_____

_____

Name:

_____

_____

_____

Name:

_____

Memories/Thoughts:

_____

_____

_____

_____

Name:

_____

_____

_____

Name:

_____

Memories/Thoughts:

Name:

Name:

Memories/Thoughts:

_____

_____

_____

_____

Name:

_____

_____

_____

Name:

_____

Made in the USA
Monee, IL
22 July 2022